이 책은 혼자서 책을 읽기 시작한 어린이들을 위해
재미있게 지식을 전달하는 백과사전 시리즈입니다.
전문가들과 함께 쉬운 단어와 큼직한 사진으로 흥미롭게 만들었답니다.
호기심과 두뇌의 발달을 도와주는 아이들의 좋은 친구입니다.

캐슬

스테파니 턴불 글   로라 파커 디자인

콜린 킹 그림   이안 잭슨 표지 그림   애덤 라쿰 보충 삽화   U&J 번역

내용 자문 **요크 대학 중세 연구센터 애비게일 웨들리 박사**   독서 자문 **로햄튼 대학 앨리슨 켈리 교수**

작은책방

목차

언덕 위의 성

언덕 위에 돌로 지은 큰 성이 있어요.
수백 년 전에는 이 성에 아주 많은 사람들이 살았어요.

큰 집

성은 성주와 귀부인, 왕과 왕비 같은
신분이 높은 사람이나 부자들이 사는 집이었어요.

하인들은 성 안에 있는
넓은 마당에 집을 짓고 살았어요.

병사들은 성문을 지켰어요.

성의 주인이 사는 가장
큰 건물을 본성이라고 해요.

성 주위에는 적을 막기 위해
높고 튼튼한 성벽을 세웠어요.

부자들은 성을 두세 개씩 가지고 있기도 했어요.
그래서 한 곳에 싫증이 나면 다른 성으로 옮겨 다녔어요.

이런 저런 성들

어떤 성은 나무로 만들었어요.
본성은 높은 언덕 위에 지었어요.

돌로 지은 성들도 있어요.
두꺼운 벽으로 둘러싸인
성에는 성탑이 뾰족뾰족
솟아 있어요.

물에 둘러싸인 성도 있어요.
성 주위를 깊게 파서 물을 채운 이 물웅덩이를 해자라고 해요.
적의 공격을 막기 위해 성 주위에 해자를 만들었어요.

해자 위에 걸치는 나무다리를
도개교라고 해요.

적들이 성으로 다가오면
재빨리 도개교를 올려
해자를 건너지 못하게 해요.

본성

본성 안에는 방이 여러 개 있어요.
가장 좋은 방에는 성주와 그 가족들이 살아요.

성 안에는 항상 쥐가 많았어요.
본성 안에 있는 열 마리의 쥐를
함께 찾아볼까요?

성 사람들은 바닥에 구멍을 뚫어 화장실로 사용했어요.
그리고 이 구멍 밑에는 도랑을 파서 성 밖의
오물구덩이로 통하게 했지요.

성에서 사는 사람들

성에서 가장 좋은 방에 성 주인이 살았어요.
이 붉은 침대처럼 크고 푹신한 침대에서 잤어요.

사방에 커튼을 두른
침대 안은
포근하고 따듯해요.

하인들은 차갑고 딱딱한
바닥에서 잤어요.

성에 사는 사람들은 일찍 일어나야 했어요.
어떤 때는 새벽에 종을 흔들어 사람들을 깨웠어요.

돌로 지은 성은 습기가 많고 서늘했어요.
방을 따뜻하게 하기 위해 불을 많이 피워야 했어요.

성 사람들은 커다란 나무 욕조에서 목욕을 했어요.
하인들이 목욕물을 데워 욕조에 부어주었어요.

성 안은 항상 소란스러웠어요. 일하는 하인들과 신나게 뛰노는
아이들 그리고 개들까지 짖어 대는 바람에 아주 떠들썩했어요.

오락과 놀이

성에 사람들이 살던 시대에는 텔레비전이 없었어요.
사람들은 다른 오락거리를 찾아야 했어요.

곡예사들이 성에 와서
공연을 했어요.

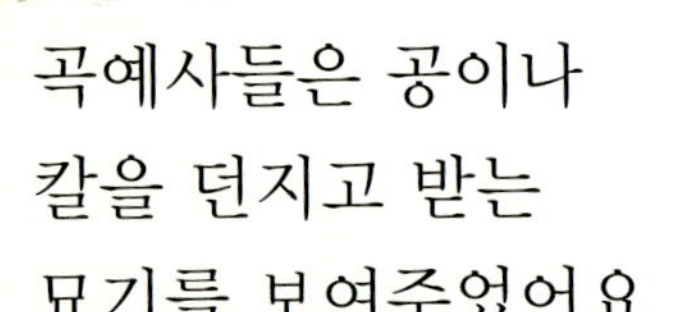

곡예사들은 공이나
칼을 던지고 받는
묘기를 보여주었어요.

악사들은 노래를 부르고
악기를 연주했어요.

어릿광대가 있는 성도 많았어요.
재미있는 말과 행동으로 사람들에게 웃음을 주었어요.

이 그림은 700년 정도 전에
그려진 거예요.
악사들이 왕 앞에서
현악기를 연주하고 있어요.

사냥

성주와 귀부인들은 사냥을 아주 좋아했어요.
그들은 매를 훈련시켜 사냥을 했어요.
아래 그림은 매를 훈련시키는 순서예요.

1. 손에 매를 앉힌 상태로
   먹이를 받아먹게 해요.

2. 매의 발목에 끈을
   묶은 다음, 매가
   먹이를 쫓게 해요.

3. 훈련된 매는 자유롭게
   날아다닐 수 있도록
   풀어줘요.

4. 매가 작은 새나 동물을
   잡아서 주인에게
   가져와요.

매를 훈련시킬 때
매가 놀라지 않게 머리에
두건을 씌워요.

사냥용 매를 기르는 일이
큰 유행이었어요.
사람들은 항상 매를 데리고
다녔답니다.

부엌

성의 안마당에 따로 지은 건물을 부엌으로 사용했어요.
모든 음식은 여기서 만들어 졌어요.

고기는 통째로
쇠꼬챙이에 꿰어
불 위에서 빙빙
돌리며 구워요.

성의 부엌은 이 사진과 비슷한 모습이었어요.

1. 빵을 굽기 위해 먼저
   화덕에 불을 지펴요.

2. 밀가루를 반죽해서
   둥글게 빚어요.

3. 불이 꺼진 후에 화덕 안에
   반죽해 놓은 밀가루
   덩어리를 넣어요.

4. 화덕에 남아있는
   열기로 빵이
   노릇노릇하게 익어요.

성에는 냉장고가 없었기 때문에 음식이 빨리 상했어요.
요리사는 상해서 이상해진 맛을 감추기 위해 향신료
(음식에 맵거나 향기로운 맛을 더하는 조미료)를 많이 넣었어요.

화려한 연회

성의 큰 홀에서 손님들과 함께 풍성하게 음식을 차려놓고
먹는 것을 연회라고 해요.

중요한 손님들은
높은 자리의 식탁에
따로 앉았어요.

다른 사람들은 긴 의자에
나란히 앉았어요.

성이 있던 시대에는 포크가 없었어요.
사람들은 손으로 음식을 집어먹었어요.

고기와 생선을 푸짐하게
먹어요.

요리사는 깃털과 과일로
요리를 장식했어요.

손님들은 설탕과 종이로 만든 성 모형에 크게 감탄했답니다.

기사

기사들은 돈이 많고 지위가 높은 병사들이에요.
적을 물리쳐 성을 지켰어요.

기사들은 방패에
그림을 그려 넣거나
문양을 새겼어요.
기사들의 방패 그림은
각각 달랐어요.

기사는 먼저
천으로 만든 두꺼운
속옷을 입어요.

그 위에 금속으로
만든 겉옷을 입어요.

팔, 다리, 가슴에
금속판을 둘러요.

그런 다음,
긴 윗도리를 입고
장갑을 껴요.

머리에는 무거운
금속으로 만들어진
투구를 써요.

몸을 보호하기
위해 방패를
들어요.

마상 창 시합

기사 두 명이 말을 타고 창으로 겨루는 것을
마상 창 시합이라고 했어요.

기사들은 랜스라고
부르는 긴 창을 들었어요.

힘센 군마를 타고
서로 돌격하여 겨루는
시합이에요.

마상 창 시합의 우승자는
푸짐한 상을 받았어요.
상대편 기사의 말과 무기를
상으로 받기도 했어요.

두 기사가 서로를 향해 돌격해요.

상대편을 긴 창으로 찔러 말에서 떨어뜨리려는 거예요.

말에서 떨어지지 않은 기사가 우승자예요.

전투

때때로 성이 공격 당하기도 해요.
적들은 주로 투석기(큰 돌을 멀리 날리는 장치)를 이용하여
성을 공격했어요.

1. 병사들이 큰 지레를
   뒤로 끌어당겨요.

2. 투석기 위에 무거운
   바위를 올려놓아요.

3. 지레가 돌을 멀리
   날려 보내요.

4. 돌이 성벽에 부딪혀
   벽을 무너뜨려요.

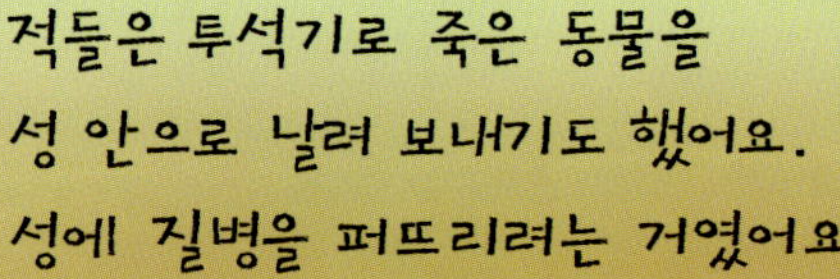

적들은 투석기로 죽은 동물을
성 안으로 날려 보내기도 했어요.
성에 질병을 퍼뜨리려는 거였어요.

오래 전에 그려진 이 그림은
성 앞에서 벌어진
전투 장면을
묘사하고 있어요.

성을 지켜요

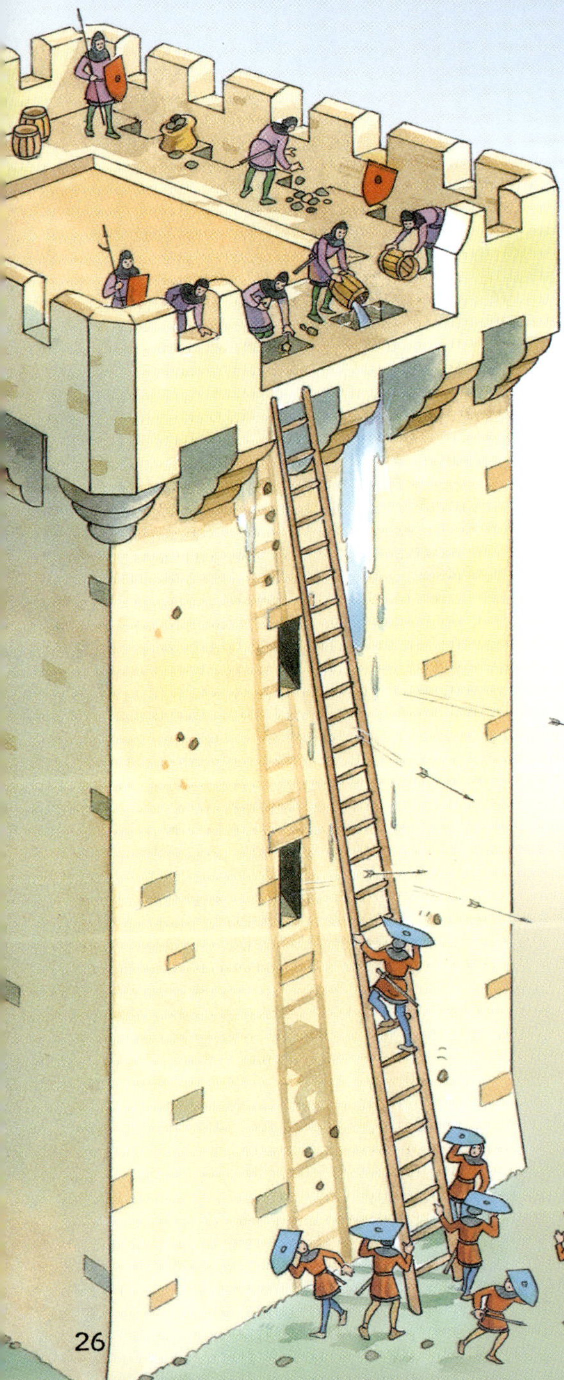

병사들은 성을 공격하는
적들을 물리치려고
애썼어요.

사다리를 타고 오르는
적들의 머리 위로
돌과 끓는 물을
마구 퍼부었어요.

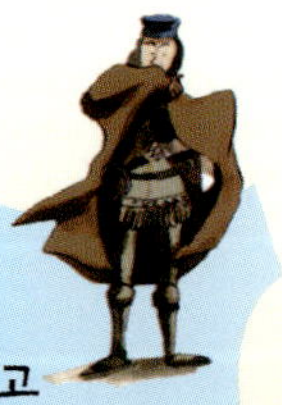

변장을 하고
몰래 성으로
숨어들어오는
적들도 있었어요.

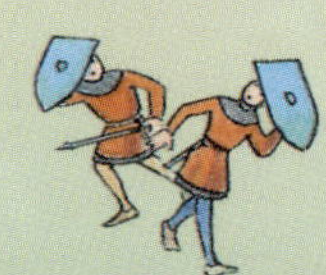

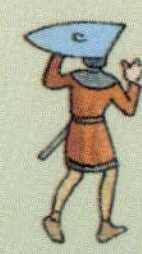

병사들은 활과 날카로운
화살로 무장을 했어요.

벽에 나있는 좁은 창으로
화살을 쐈어요.

이 성의 벽에는 화살을 쏠 수 있는 좁은 창이 많이 나있어요.
병사들은 성의 지붕 위에서도 화살을 쏘았어요.

허물어진 성들

지금은 성들이 대부분 텅 비어 있어요.
오랜 세월 동안 많은 성이 허물어졌답니다.

이 그림은 400년 전에
웨일즈 지방에 있었던
래글런 성의 모습을 상상해
그린 그림이에요.

이 사진은 래글런 성의
현재 모습이에요.

적의 공격을 받아
무너진 성들도 있어요.

이것은 무너진
성탑의 일부가
남아있는
모습이에요.

사람들은 성에서 살거나 보존하기 위해
무너진 성들을 다시 고치기도 하고 있어요.

책을 읽다가 모르는 낱말이 있었을 거예요. 여기서 그 낱말들을 자세히 설명해 줄게요.

	본성	성 안에서 제일 중요한 건물. 튼튼한 성벽으로 둘러싸여 있어요.
	도개교	적이 성에 못 들어오도록 위로 올려 닫을 수 있는 다리예요.
	매	작은 새를 사냥하기 위해 훈련시키는 새예요.
	연회	많은 사람들이 모여서 풍성한 음식을 먹고 마시는 잔치예요.
	방패	기사들이 몸을 보호하기 위해 사용한 단단한 나무판이나 쇠판이예요.
	마상 창 시합	두 기사가 말을 탄 채 창으로 상대편을 떨어뜨리는 시합이예요.
	투석기	바위나 다른 물체를 멀리 날려 보내는 기계예요.

이 책은 이렇게 보세요!

옛날에 사람들은 다양한 목적으로 성을 지었어요. 성은 그 시대의 생활이나 문화를 알려줘요. 성에 대해 많은 궁금증이 있을 거예요. 먼저 책을 읽어 보세요. 그리고 좀 더 생각해 봐요.

본문에서는 성에 대한 지식과 성에서의 생활이 어땠는지를 알려줘요. 이런 성들 중 보존상태가 좋고 역사적 가치가 있는 성들은 관광상품으로 개방되어 있어요. 기회가 있다면 실제로 성을 방문하거나 인터넷이나 책, 동영상을 통해 좀 더 알아봐요. 그리고 그 성에서 일어난 역사적 사건들을 알아봐요.

이 책에 소개된 것은 서양의 성이에요. 우리나라나 중국, 일본에도 성이 있어요.
동양의 성은 서양의 성과는 목적이나 구조 등이 좀 달랐어요. 우선 우리나라의
성들을 조사해 봐요. 그리고 책에 나온 성과 비슷한 점과 다른 점을 이야기해 봐요.

성의 각 부분에는 다른 명칭들이 있어요. 책에서 몇 군데의 명칭을 배웠어요.
책에 나온 명칭들을 알고 있는지 이름을 안보이게 가리고 불러봐요.
또, 여기에서 알려주지 않은 다른 부분의 명칭들을 알아봐요.

놀이 공간

성 안의 곳곳을 탐험해 보세요.

감사 인사

사진 편집 엠마 줄링스

p19 모형 사진 제공 그레이스 브라이언 브라운, 더 내셔널 트러스트

사진을 위해 도움 주신 분들

출판사는 이미지들을 재현할 수 있도록 허락해 준 아래 분들께 감사를 드립니다.
© BRUCE COLEMAN INC./ALAMY cover; © Digital Vision 31; © Frans Lemmens/zefa/CORBIS 26-27;
© Gabe Palmer/CORBIS l; © Henry Westheim Photography/Alamy 7; © Image Broker/Alamy 18-19;
© Jim Sugar/CORBIS 10; © Joel Simon/Digital Vision 20-21; © Joseph Sohm/Vision of America/CORBIS 13;
© Marc Garanger/CORBIS 8-9 © Micheal Howard/Alamy 22-23; © NASA 2-3, 5;
© Photo by Rod Catanach, Woods Hole Oceanographic Institution 25; © Ron Watts/CORBIS 17

우리아이 첫 백과사전 26 캐슬

초판 1쇄 인쇄일 2009년 8월 25일
초판 1쇄 발행일 2009년 9월 15일

글 스테파니 턴불 디자인 로라 파커
그림 콜린 킹 번역 U&J
펴낸이 김지영 펴낸곳 작은책방
편집 오현정 디자인 한송희
제작·관리 김동영 영업 김동준, 조명구

출판등록 2001년 7월 3일 제 2005-000022호
주소 158-070 양천구 신정동 318-5 황금프라자 804호
전화 (02)2648-7224 팩스 (02)2654-7696

ISBN 978-89-5979-099-9 74080

● 잘못된 책은 교환해 드립니다.

우리아이 첫 백과사전

(전 30권)

01 개

02 곤충

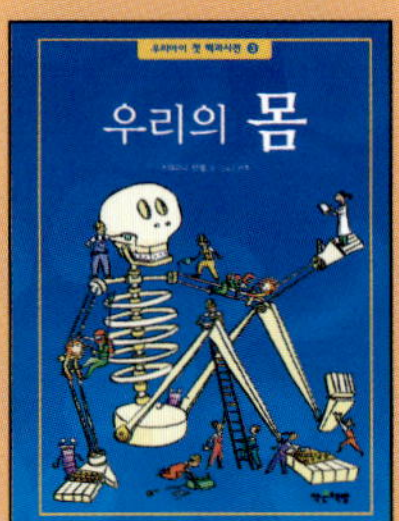

03 우리의 몸

04 공룡

05 고양이

06 트럭

07 날씨

08 태양, 달 그리고 별

09 음식과 영양소

10 비행기

11 새와 알

12 개구리와 올챙이

13 신기한 바다 생물들

14 로마

15 나비와 애벌레

16 해적